AF397222

Kustantaja: BoD - Books on Demand,
Helsinki, Suomi

Valmistaja: BoD - Books on
Demand, Norderstedt, Saksa

ISBN: 978-952-33-9044-7

REFORMI

RUNOJA

Trilogian toinen osa

Jadelle&Mealle

VAASA

Rakel myi

vuosikymmenet

pimeää viinaa

ikinuori gimma

ensin täytyy iloita

että jaksaa surra

hän sanoi

kohtuudesta oltiin

montaa mieltä

aina sitä on liikaa

tai liian vähän.

Retku oli

opettajan poika

näpistelijä

tuli pubiin

raotti takkiaan

-Haluuks joku

ostaa lumilaudan?

ELEGIAT

Paperipinoja

tuhkakuppeja

lehtileikkeitä:

Sitä kuvittelisi

itse runoilleen

riittävän.

Syön uunihaukea

mieleen tulee Hellaakoski

ettemme runoillamme yllä

edes latvaan asti.

Beethoven

ja se miten

sävellys ei mahdu

pianistiin.

Baskeri päässä

olen vakuuttava

ei sillä kyllä naista saa

mutta kynällä

runon syvän haavan.

Yksi ainoa kyynel

siihen mahtuu koko suru

joka viimeistään

poskipään kohdalla

alkaa pyrkiä takaisin

silmäkulmaan.

Metsät juoksivat

tavarataloja karkuun

ne eivät antaisi

ihmisille koskaan

anteeksi

eivätkä eläimet.

Hevonen jouduttiin lopettamaan

öisin sen

raskas hengitys.

Miten se kuoltuaankin juoksi

ikävääni kohti.

Kirkontorni

kasvoi iltaisin pimeäksi

narahtelevat vaahterat.

Miten putoava lehti

muuttaa kaiken.

Taivas täynnä

kauniita asioita

tähdet

partikkelit

ja se miten

ohjukset lentävät

rukousten läpi.

Vesiperhoset kuoriutuvat

tunnelma kuin festareilla:

Ilmassa paljon.

Ehkä kranaatit.

Äidit

odotamme että

meille kerrottaisiin

kaikki valmiiksi

säästyisimme siltä

mikä on meille

hyväksi.

Miekan veriuraa

tahrii katumus

kun synnytätte lapsenne sotiin.

Panssarivaunun

telakiskojen alla

talvehtinut Leskenlehti.

Uimarannan hiekasta löysimme

Vergiliuksen ruumiin

muurahaiset kantoivat

hänet Elysioniin

Mellerin Lappajärvelle.

Okeanos-meri syntyi

surevien äitien kyyneleistä.

Sota joka ei koskaan lopu.

Äitini

Raamattu pöydällä

aurinkoa kohti auki

kuten sydän on

kädet ristissä rukoukseen

kahta kirkkautta

vastakkain.

Pentti Saarikoskelle

Saarikoskella on

pari naulaa suussaan

auttelee korjaamaan

taivasta kanssani

joitakin lintuja

jotka eivät ole

kuten ne hänen

runoissaan ovat.

Teemu Hirvilammelle

Stadin hirvi

laukkasi tuntemattomaan

pääsi kuitenkin

moottoritiellä aidasta läpi

pysymättä ainoassakaan

tähtäimessä.

Mirjam Silven;

Joissakin ihmisissä harmonia;

metsä kämmenellään.

Idea on siinä

ettei mikään tule

valmiiksi

että tätä tullaan

korjaamaan

jatkossakin.

Ei tämä ole jatkumo

vaan yritys

pysyvästä tilapäisyydestä.

Emme voi määrittää

toista ainoaksi.

Kirkkoherra Klapuri

herää aikaisin

nähdäkseen ikkunasta

miten

aurinko aamuisin

kultaa kirkon ristin

rukous tavoittaa armon

maallinen ja maaton

toivon

joka kantaa.

Miten määrittää

ainoa oikea

toiseksi vääräksi?

Pelto jätettiin kesannolle

tämä on hyvä nyt

supermarkettien ja

rakettitodellisuuden

tuolla puolen

käyskentelen heinänkorsi suussa

kissanpentu sylissä.

Heinäsirkka

hankaa koipiaan vastakkain

mielikuvitus ottaa kipinän:

Pikajuna Kuopioon

kulkee kiskoitta.

Olen Shamaani porotokassa

juon maailmanlopusta Teboililla

sillä metsä on hylännyt meidät.

Kuolemaa tekevän suden suru

vaikka se olen minä

joka itken.

Vielä löytyy

latoja joissa nukkua

puroja joista juoda

toisia kosmoksia.

Ja ne;

Uniini tulevat.

Kesäsade

muovikukat maljakossa

taivas kahvista

mustana.

Ukkonen säikäyttää sokeriporsaan

tummaan pintaan solahtaa

mielihyvän pyörteet;

kanttiinin tuoksu.

KREIKKALAISET

Näin hyvä

kanto pöytänä

aurinko on maisema

Stymfaloksen linnut

vielä kesken.

Alkyone

Katositko sinäkin

lopulta lintuna merelle

kun purjeveneet

eivät liiku

pesit kuten

kenen tahansa

suru pesii.

Kanake

Tyttärilleen

isät lähettävät teroitetut miekkansa

sillä niin paljon he heitä

rakastavat

että antoivat kiitokseksi

Araen kirouksen.

VISIOT

Olen se talo jonka

ovenraosta

tuoksuu mennyt.

Mökkejä vuokrataan

veneitä

paarmojakin

matkailuauto mahtuu

saippuakuplaan.

Yksi ainoa hyttynen

monistuu korvakäytävään

parveksi.

Lapsena kotipihan raja

kulki siinä mihin

valo sen

piirsi.

Balettitanssijan nilkka

on venähtänyt

hänet korvataan toisella

nyt alkaa valkoinen Joutsen

muistuttaa mustaa enemmän.

Nykyään Google kasvattaa lapset.

Ennen vanhaan

jokainen kylässä asunut

huusi pakkasilla

unohtunutta

pipoa hakemaan.

KUUKAUDET

Tammi

Mustat lumihiutaleet

tuoksuvat bensalta.

Punaviini läikkyy kasvoilla.

Helmi

Pihasta enkelit

lentäneet taivaaseen

lumiauraa pakoon.

Maalis

Vielä hanki

kantaa suksea

väsyneet tuulilasinpyyhkijät

Citroën herännyt talviunilta.

Huhti

Jäät sulavat

Tilhihavainto

latu jatkuu lapsuuteen.

Touko

Rankkasade

kaduilta kerätään

onkimatoja.

Rasahtelevat kotilot.

Kesä

Lämpö

saa järven kuplimaan

kelluvaa lonkerotölkkiä

ammutaan ilmakiväärillä.

Heinä

Pelloille hautuneet

valkoiset

traktorin munat.

Joku ehdottaa varhaisperunoita.

Elo

Kauppa-auto horsmikossa.

Jäätelökioski on suljettu.

Kalastajat arvailevat valasta

sukellusveneeksi.

Ruokolahden Leijona

Liekkisonni.

Syys

Pihlajanmarjoja sovitetaan

puhallusputkeen

suonenveto jalkapalloa pelatessa.

Loka

Torikauppiaat loittonevat

mustina täplinä.

Karpolla on asiaa.

Marras

Ensimmäinen adventti

kynttilän lämpö

leviää asuntoon.

Joulu

Äiti sulattaa kämmenellään

lapsen kieltä

irti keinutelineestä.

ÄÄRET

Kuun lukuvalo

Proustia lukiessa.

Kaislikko huojuu;

tuuli kirjoittaa haikua.

Kirkonkellot

lammashaan yli

miten siitä juontuu

ilta

Käen kukunta

savustettu ahventakin.

Lupiinit Horsmat Nappikukat

kaunista se mistä ei

lapsena ajatellut niin.

Sade

makeispussin ropina

Fazerin parhainta sinussa.

Katiska osoittautui

tyhjäksi kohduksi.

Naapurin Eino

sänki harmaata jäkälää

ja joka lippalakillaan

yritti pyydystää tuulen.

Juhannus

Hyttyset ja Paarmat

punaisiksi palaneet kokot

Fenno-Ugrit.

Virtsatessa paimenlankaan

kehkeytyy sähköinen muisto.

Seisot siinä kohdassa

maisemaa

josta kuu on kaadettu pois.

Tuulivoimala kuin

suuri kärpäslätkä

keskellä vanhaa metsää.

Kirjakauppias iloitsee ulos

kasvavasta jonosta:

Kahvitarjous viereisessä

supermarketissa.

Savua

pimeällä taivaalla tulen liekki

räjähdys

pakenevat ihmiset.

Hetken ehtii toivoa

että tämä tapahtuisi

televisiossa.

Viemärit täyttyvät verestä

lasten huudoista

kyyneleistä

raajoista

luotien pianissimo

Kiovalainen fuuga.

Syksy

Kaikki valo

käpertynyt

puiden lehtiin.

Rage against the Machine:

Tottelemattomuus

mahdollistaa toimivuuden.